IR・カジノの大問題をおさらいする1冊

大阪IR・カジノ誘致を止めるための次の一手

もくじ

はじめに

「カジノはいらない」「日本のどこにもいらない」――。

２０２２年9月30日夜、高層ビルが建ち並ぶ東京・銀座の目抜き通りにシュプレヒコールが響いた。ＩＲ＝カジノを含む統合型リゾートの区域整備計画を国に申請した大阪府や長崎県、カジノ誘致を撤回させた横浜市と和歌山県から駆け付けた市民たち。この日、朝から永田町には２００人が集結。国会前での座り込み、国土交通省への請願、国会議員や融資銀行への要請行動などをこなした。

呼びかけたのは、大阪の市民団体「カジノの是非は府民が決める　住民投票をもとめる会」（現「大阪の未来は府民が決める　夢洲カジノを止める会」）。カジノ誘致の賛否を問う住民投票の実現を求めて署名活動を行い、法定数を大きく超える21万筆を集めた。吉村洋文知事に対し、住民投票実施の条例制定を直接請求したが、２０２２年7月29日、府議会はわずか半日の審議で条例案を否決した。

府が同年4月に申請した区域整備計画は現在、国の有識者委員会が審査中だ。府・市は当初、同年秋以降の認定を想定したが、国の結論は越年する公算が高い。大きな理由は、建設予定地の夢洲（大阪市此花区）の地盤への懸念。夢洲は大阪湾に浮かぶ人工島で、土壌汚染や液状化、地盤沈下などの問題が指摘されてきた。有識者委員会はオブザーバーとして、軟弱地盤や津波などの知見を有する3人を選定している。

大阪ＩＲカジノは大阪維新の会が旗振り役。当初は２０２５年に開催予定の大阪・関西万博の前年に開業する青写真を描いたが、計画では開業時期を２０２９年秋から冬とした。目玉であるＭＩＣＥ（国際会議、展示会、見本市など）施設の面積は10万㎡から2万㎡に激減、外国の富裕層から国内客に照準を移すなど、当初構想した「世界最高水準のＩＲ」とは一変している。

夢洲の地盤をめぐっては、大阪市が土壌対策費790億円の支出を決定。しかも府・市が事業者と取り交わした基本協定は事業者に一方的に有利な契約だ。夢洲の土地が不当に安い賃料で貸し出されようとしているという疑惑も浮上している。

いずれにしても結論までの時間は限られている。

このブックレットは、「新聞うずみ火」が2022年に実施した『大阪IR・カジノ』を考える連続講座」をベースにしたもの。なお、出版に当たり、3人の講師には、その後の状況の変化に応じ、加筆・訂正いただいた。

阪南大教授で「カジノ問題を考える大阪ネットワーク」代表の桜田照雄さんは「大阪カジノにはスロットマシンが6400台。日本最大のパチンコ屋ですわ」と喝破。立命館大教授で地方財政学が専門の森裕之さんは「まるでハゲタカファンドと契約するようなもの。夢洲整備で大阪市は破たんする」と警鐘を鳴らす。反カジノの論客で前堺市議会議員の野村友昭さんは「カジノ誘致を止める次の一手として、統一地方選を争点に」と訴える。

3人の講演録に加え、父と弟、それに元夫までもギャンブル依存症になり、その怖さを身近で体験した山口美和子さんにも話を聞き、紹介している。「カジノを誘致することは、家庭から金銭を巻き上げて一家離散させる旧統一教会の行為と何ら変わらない」という。

もうあかんのと違う？　いやいや、今からでも遅くはない。大阪で何が起きようとしているのか一読いただき、カジノ阻止の声を一緒に上げていただけると幸いです。

2022年12月

新聞うずみ火　矢野　宏

第1章

大阪カジノ・IR計画を止める次の一手

前堺市議・「NO!大阪IRカジノ」呼びかけ人
野村 友昭

今日お集まりの皆さんは「大阪カジノ・ＩＲ計画」について長く携わってこられたと思います。私より詳しい方ばかりだと思うのですが、私の立場から、今後、どう闘っていけばいいのかお話したいと思います。

結論から言いますと、来年春の統一地方選挙での争点はカジノです。道府県と政令指定都市の首長と議会議員の選挙が２０２３年４月９日に投開票が予定されており、大阪府知事選、大阪市長選、そして大阪府議選と大阪市議選が行われます。

カジノに賛成するのか反対するのか。カジノをやるのかやらないかを問う選挙にすべきです。

僕は「夢洲での万博もやめるべきだ」と思っています。万博をやめろと言っているのではなく、大阪市の人工島・夢洲での万博開催には反対です。夢洲開発にこれ以上、お金をつぎ込むことはやめようと言っているのです。

２０２２年８月末、大阪市や阪神高速道路が建設を進めている「淀川左岸線」で、２期区間の開業が予定の２０２６年度末よりも最大で８年遅れることが明らかになりました。淀川左岸線は人工島・夢洲のある大阪市此花区と大阪府門真市を結ぶ高速道路で、２期区間はほとんどトンネルとなる構造です。**事業費も当初の１１６２億円が約２９００億円と２・５倍に膨れ上がる見通しです**（市の負担は45％）。

何が原因かと言えば、軟弱地盤に対応するための工法変更です。**夢洲のある大阪港周辺は埋め立て部分が軟弱なだけでなく、海底深く存在する固い「洪積層」が沈下する極めて珍しい地盤なのです。**そんなところに大きな建造物を建てること自体、もともと不可能であると専門家の間でも言われていました。関西空港は空港を造るために埋め立てたのに未だに沈んでいます。地盤沈下というものは建物を建てたときにドーンと下がり、それから徐々に下がっていきます。それも均等に下がるのではなく、どちらか一方がゆっくり下がるの

大阪府・市がIRカジノ誘致を目指す夢洲

ですから、建物がもたないのです。

大阪ＩＲ事業者であるＭＧＭリゾーツ・インターナショナルとオリックスが夢洲ＩＲの完成予想図を発表していますが、あくまでもイメージです。あんなバベルの塔みたいなものを夢洲に造れるわけがありません。建設費も１兆円ぐらい使うと言っていますが、おそらく無理でしょう。ＩＲと言っていますが、カジノに軸足を移した事業計画に変わっています。

カジノ来場者はＵＳＪの１・５倍？

大阪府・市、ＭＧＭとオリックスが国に提出した区域整備計画書をもう一度読み直してみました。来場者数、収益、納付金などがそれぞれ１７８㌻に渡ってバラバラに書かれており、数字一つ拾うのも一苦労でした。自分たちがやろうとしている商売が真っ当なものなら、ちゃんとわかりやすくアピールするはずですが、それがない。４㌻にまとめた概要版を見ても売り上げの数字が書かれていない。事業計画が非常にわかりづらいので、誤解している人もたくさんいるのではないでしょうか。IR誘致に賛成した自民党府議の中にも「カジノ客は日本人相手ではなく、中国の富裕層」と話す人がいるくらいですから。

区域整備計画書によると、開業3年目の数字として、IRへの年間来場者は1987万人で、うちカジノ来場者は8割の1610万人。さらにその7割近くにあたる1067万人が国内客です。大阪の人気テーマパークの「ユニバーサル・スタジオ・ジャパン」（USJ）でさえ、年間1400万人（2016年度）が最高です。カジノにそんなたくさんの人が来ますか？　USJの1・5倍ですよ。

ただ、MGMは米ラスベガスに10カ所のIRを有している企業です。新型コロナウイルスの感染で急速にオンラインカジノへ移行しているということはわかっている。その上で、日本で儲けるためにはどうすればいいのか考えているはずです。

日本に住む人たちをターゲットにし、お金をどんどん使ってもらうというビジネスモデルに変わっているのは間違いないと思います。

射幸心あおるスロットマシン

阪南大学の桜田照雄教授も指摘されていますが、大阪のカジノは世界と比べると特殊で、機械式のゲームが非常に多いのです。今のところ、6400台ものスロットマシンを並べる計画になっています。

ギャンブルには「イベント頻度」という数値があり、機械式ゲームが一番高いのです。例えば宝くじは買ってから当たりがわかるまで1カ月ぐらいかかります。つまり、射幸心があまりあおられないのです。スクラッチ式の宝くじはその場で当たりがわかる。外れたと思ったら、もう1枚買おうかなと思ったら買えるわけです。この速さが人間の射幸心に大きな影響を与えるのです。

競馬、競輪、競艇などは1日のレース数も決められており、開催期間も決められている。家からわざわざ出向かねばならず、レースが終わったら、買いたくても買えない。それらと比較したときに、IR実施法では「日本人と在日外国人のカジノへの入場は週3回まで」という制限がありますが、3日間しか行けないわけではないのです。3回入るということですからね。いったん入ってしまったら、24時間ずっと入り浸りになろうと思ったらできてしまうのです。

わざわざ夢洲まで行き、入場料6000円を払って中に入ったら、1時間で帰ろうかってなりますか。ならないですよね。何とかもとを取ろうとズルズル24時間いることになると思いませんか。**お金がなくなっても、オリックスはサラ金部門を持っています。**カード部門も、キャッシング部門も持っているのです。パチンコ屋の横にサラ金のATMがあるというだけでも問題があると思っているのですが、それ以上です。

大阪IR株式会社は、来客者を顔認証システムで管理します。マイナンバーから銀行口座の残高まで、事業者に全部筒抜けになるのです。賃貸借期間は35年で延長30年の最大65年間ですから、未来には、特殊なメガネをかければ入場者の顔の横に預金残高が出ることになるかもしれません(笑)。どれだけ負けているのか、どれぐらい資産を持っているのかまで把握されてしまう可能性もあるのです。

「ギャンブル依存症にならない自信がない」

私の友人にパチンコ大好き人間がいます。「大阪のカジノってどうなん？」と聞かれたので、「スロットマシンが多くなりそうだ」と説明しました。すると友人は、日本のパチスロ（パチンコ型スロットマシン）はアニメやテレビゲームを題材にしたものが多く、アニメ好きの若い人らがせっせとお金を使うというのです。

パチスロの機械は撤去期限が決められています。期限になると新しい台と入れ替えられ、それまでの台が戻ってくることはありません。でも、それぞれのパチスロ台には固定ファンが付いており、撤去された台を探して、大阪ミナミなどにある高いレートで遊ぶ「違法パチスロ店」に行くというのです。

カジノ問題でやばいなと思うのがこうしたパチスロファンです。僕の友人も「できれば、パチスロはやりたくない」というけれど、「日曜日とか暇なときには手持ち無沙汰で、ついフラッとパチンコ行ってしまうねん」と言い、「面白い台があったら自分から進んで行くやろな」とも話していました。

海外のカジノにあるスロットマシンは単調で、ボタンを押したら勝手に止まる。で、「当たった」「外れた」を繰り返すだけ。その点、日本のパチスロメーカーはすごいですよ。演出がしっかりしており、音や光で洗脳する。当たるか当たらないかというのも演出されています。

日本のパチンコ産業は斜陽化しています。パチンコ人口もどんどん減っているので、パチスロメーカーは海外のカジノに売り込んでいますが、海外では難しいようです。ところが、日本なら一番有利です。日本のアニメとか漫画とかゲームなどを使ったマシンを作ることができたら、恐ろしいものになるのではないかと思います。

パチスロのコイン1枚20円ぐらいです。1回ゲームをやるのに4秒かかるようになっているそうです。パチンコの玉も1分間に100発以上出ないように規制がかかっているのです。カジノのパチスロはどうなるのか。カジノ管理委員会で決められるようになると思うのですが、とにかく**1回ゲームをやるのに1秒とか、1回かける金額も1万円とかになったら、「完全に廃人が出る」**と友人は言っていました。「ギャンブル依存症にならない自信がない」と。

パチスロ6400台備えた「巨大パチンコ店」

パチスロ6400台といったら、大阪で一番大きなパチンコ屋さんで1軒2500台ぐらいです。その2・5倍。大阪IRというと、ステージのエンタメもあって綺麗な空間で、ジャケットを着るなど、ちゃんとした服装で中に入ると、きれいなお姉さんや、かっこいいお兄さんがテーブルでトランプのカードを切ってくれるというイメージになりがちなのですが、おそらくパチンコ屋に入ったようなものになるのではないかと思います。観光の目玉だった統合型リゾートから「巨大なパチスロ屋」です。そうなれば、大阪IRは成功してしまうのではないかと考えが変わりました。

区域整備計画書では、IRの年間売上が5200億円。大阪市の松井一郎市長が「毎年、大阪府と市に550億円ずつ入ってくるねん。博打で入ってきたお金を福祉に回すんや」などとうそぶいていましたが、大阪府・市への納付金想定額である1100億円ありきではじき出された数字ではないか、と僕は疑っています。年間1100億円入ってくるためには、カジノは4200億円の儲けがなければならないと逆算で出しているのではないか思うのです。

では、カジノで4200億円もの利益を上げるためには来場者はどれぐらいか。利益というのは客の負け分ですから、客が年間4200億円負けるとしたら1600万人が来ないといけないとの計算になる。1人当たりいくらかというと、2万6250円です。パチンコ好きの友人の話では、20年ぐらい前、めちゃめちゃパチスロが過激だったとき、1日100万円も出た時代があり、その時は朝から何百人もがパチンコ店に並んでいたそうです。全国から1600万人ぐらい集めてI人当たり2万6550円ずつ負けさせるってことは、あながち不可能な数字ではないと思えてきました。

中国人富裕層が見向きもしない理由は?

中国人富裕層を呼んで4200億円巻き上げる

というのは無理だと専門家も指摘しています。というのも、外国から日本への現金の持ち込み規制があり、100万円ぐらいしか持って来られないのです。海外のカジノではどうやってお金を持ち込まずに遊んでいたかというと、「ジャンケット」という制度があります。中国人の富裕層や中東の石油王みたいな人たちを接待する制度で、航空チケットとか宿泊チケットとか食事とかを手配したり、その場でお金を貸したりするのです。ジャンケットで呼んだ金持ちたちは、そこで何億というお金を使うのですが、日本ではジャンケットという制度が認められていません。VIP客を呼んでくることができないのです。

中国人の富裕層らにどうやって高額のお金を使わせるかというのはなかなかハードルが高いと言われています。当然のことながら、**お金を持っている人は世界中どこでも行けるわけですから、カジノが1軒しかない夢洲にわざわざ来る必要がありますか。**シンガポールやマカオに行った方がいろんなものがそろっています。世界各国のVIPは博打のためだけに大阪には来ないでしょう。

さらに、中国政府は中国人の海外でのカジノ観光を規制しています。背景には、習近平指導部の看板政策の「反腐敗」を進める中、海外カジノが犯罪の温床になっていることへの懸念があると言われています。

大阪IRは失敗したら最悪、成功しても地獄

MGMはグループ全体で20数カ所のカジノ施設を持っています。カジノ全部合わせた売上が1兆円です。その半分にあたる4200億円を大阪だけで稼ぐと言っているのです。どう考えても嘘ですよ。シンガポールのマリーナベイ・サンズを視察したことがありますが、年間収益は2400億円。それよりも突出して大阪IRの収益が高く設定されているのは絶対おかしい、嘘やと思っていたのですが、パチスロの話を聞いていたら、これはひょっとしたらひょっとするかもしれないと、

考えるようになりました。

大阪カジノ・ＩＲ計画に関して、何がまずいかというと、この計画が失敗して税金が突っ込まれて無駄になってしまうことだと訴えてきました。もちろん、最大の問題はそこだと思っていますが、この計画がひょっとしたら成功してしまうかもしれないと感じ始めています。そうなったときに何が問題なのかというと、経済とギャンブル依存症、治安の問題です。

大阪ＩＲは、失敗したら府民にとって最悪ですが、成功しても府民にとっては地獄です。つまり、４２００億円の儲けがカジノ１カ所に消えてしまうのです。そこでかけられるお金は「粗利７％」という計算率がありますが、計算すると７兆円必要です。コロナ前のインバウンド需要が最高潮だった２０１９年、大阪の道頓堀に中国人観光客があふれ返っていたときの日本全体の外国人旅行客の消費額は約４兆８０００億円です。それを大阪のカジノ１カ所で７兆円かけてもらうという計算になっているのです。

カジノ事業者にすれば、ＩＲに入ったらずっといてほしい、カジノに入り浸りになってくれた方がいいのです。客も夢洲までの交通費を使い、入場料６０００円ですから取り返そうと思ってなかなか帰らない。そうしたらどうなるか。大阪の繁華街であるミナミやキタでお金使う人がいなくなります。私が暮らす堺でも、ご飯食べたり、物を買ったりとかするお金も激減しますよね。カジノができれば、毎年４２００億円が消えることになる。毎年７兆円ものお金を使い、２０００万人近い人が夢洲へ行くという計画ですから。大阪カジノ・ＩＲ計画は失敗すると思っていましたが、半分でも成功してしまったら大阪の街がとんでもないことになってしまうと、今は非常に心配しています。

カジノ拒否する権利ない子どもたちのために…

カジノ誘致の是非を住民で決めようと住民投

票運動をやっていたとき、心に突き刺さったことがありました。堺市南区で署名を求めていたら、女子高生3人が「私らもカジノ反対です」と言ってきました。「選挙権あるの?」と尋ねると、「ないです」と答え、こう言ったのです。「私らがカジノ反対やのに署名できないんですか」。僕はショックを受けました。この子らにはカジノを認めた覚えもなければ、それを拒否する権利もないのです。小学生や赤ちゃん、まだ生まれていない、最大で65年先の子どもたちや大人まで、カジノに縛られるようになってしまうのです。それに、兵庫県尼崎市の人たちにしたら夢洲は目と鼻の先にあるわけですよ。それでも拒否する権利がないのですよね。ですから、私は住民投票運動のとき、重い責任が大阪府民の有権者にあると思って、署名運動に取り組みました。

ある主婦の方がこう言いました。「私はカジノに行けへんし、ギャンブルもやらへんから関係ない。署名はいいです」と。僕は思わず、こう言いました。「ちょっと待ってください。カジノ行かないのにあなたの税金がカジノに使われるんですよ。おかしいと思いませんか」と。主婦の隣にいた児童を見て、「子どもさん連れていますけど、あなたはカジノに行かないのに、この子らはカジノに影響受ける一生を過ごさないといけないんですよ、おかしいと思いませんか?」と説明しました。すると、その主婦は納得して署名してくださいました。要するに、この大阪カジノ・IR問題は、自分が行くか行かないかではなくて、行かないから関係ないと言っている人ほど、ちゃんと取り組まないといけない問題なのです。カジノを誘致するかどうかに参加することができない子どもたち、未成年とか、あるいは大阪府外の人たちのためにも、私たちはカジノを絶対に止めないといけないのです。

大阪の治安は悪化する

大阪府・市にそれぞれ入ってくるとされる納付

金550億円ですが、概算で何に使うかということが区域整備計画書にも書かれています。警察官の増員など、警察力の強化に毎年33億円使うことになっているのです。夢洲のカジノがなかったら必要のない話ですよ。で、私は33億程度では足りないぐらい、大阪の治安は悪化すると思っています。

年間1610万人がカジノに来ると予想されています。MGMの取締役も「カジノ来場者の2％がギャンブル依存症になる」と言っています。50人に1人の割合ですから毎年32万人が依存症になる計算です。これは、事業者側が出している見込みなので、もしかするともっと高いかもしれないし、潜在的に依存症に近い状態になってしまう人たちを入れるともっと多いと思います。

50人に1人が依存症になるということはどういうことか。おそらく家族とか、友達とか、近隣の方とか、会社の同僚とかが依存症になる可能性があるのです。その人たちは、面識があるなしに関わらず、本人も苦しい思いをしますし、場合によっては犯罪に手を染める可能性だってあるわけです。依存症の問題は、自分がなるかならないかの話ではないのです。その影響は自分が受ける可能性もあるのです。なかなか当事者意識を持ちにくいのですが、大阪カジノ・IR問題は、府全部の問題であり、日本全体で考えないといけない話なのです。

行き場失った中国のアングラマネー

治安の問題もギャンブル依存症と同じぐらい私たちの生活に影響すると思います。「日本の地下経済」などの著書で知られる経済評論家の門倉貴史さんによると、闇にうごめく日本の地下経済は26・5兆円ぐらいの規模があるそうです。2016年の数字ですが、うち7割ぐらいは脱税で、あと密売や闇金などで生まれるブラックマネーは6・9兆円と言われているそうです。そのブラックマネー市場のほとんどが東京ですが、大阪にカジノができると移ってくる可能性が非常に高いと言われています。マカオのジャンケットというすべてお膳立てしてくれるサービスがマネーロンダリング（資金洗浄）とセットになっているのです。

中国の官僚たちは、汚職や非合法な商売、麻薬などで稼いだお金を、ジャンケットを使ってマカオで資金洗浄するのです。マカオの**カジノで1億円をチップに交換し、100万円ぐらい使い、残ったチップを現金に戻す。そうやって汚れたお金を綺麗なお金に変えることをマカオなどでやっていた。**ところが、中国政府は2022年6月にカジノ免許の更新があった際、ジャンケットを規制しました。そのため、中国のアングラマネーが行き場所を失っていると言われています。中国政府は、国内から汚れたお金を排除し、治安を取り戻すため、アングラマネーの本元を断ち切ろうとしているのです。

ちなみに、中国はわいせつ画像もテレビゲームも禁止しています。にもかかわらず、中国深圳に本拠を置く「テンセント」などが日本でスマホゲームを普及しています。博打みたいなもので、ボタンを押したら100分の1の確率で当たりが出るのだそうです。課金を何十万円も子どもがやってしまうほど、射幸性の高いゲームを中国のメーカーがどんどん作って日本で荒稼ぎをしているのです。中国政府は、国内のカジノでジャンケットを廃止し、マネーロンダリングができないよう締め付けている。すべて日本へ持って行こうとしているのではないか。日本社会の治安を乱したり、子どもたちをゲーム漬けにしたり、仕掛けられているのではないかと疑いを持つぐらい心配しています。カジノ誘致を巡って自民党の衆院議員が収賄で逮捕される事件がありましたが、絡んでいたのは中国のカジノ事業者でした。

行きにくい所は帰りにくい所

カジノと地下経済、アンダーグラウンドビジネスはセットですから、ラスベガスでももともと、密造酒とかそういったものあるいはマフィアの資金源になっていたというのは、もう周知の事実でした。アメリカはラスベガスとかネバダのカジノを長年かけていろんな形で規制していったのですよね。ところが日本にはその土壌が未だできておりません。これからです。

韓国では、ソウルや済州島などにカジノがありますが、外国人旅行客しか入れません。韓国人が唯一入れるカジノが「カンウォンランド（江原ランド）」。ソウルからバスで東へ約3時間、もともと炭鉱の街でした。国産石炭は競争力を失い、1990年代に閉山。カジノで集客すれば地域が潤うだろうと、2000年にオープンしました。カンウォンランドを取材したジャーナリストの若宮健さんの著書『カジノ解禁が日本を亡ぼす』によると、炭鉱労働者が閉山で受け取った退職金をつぎ込んで一家離散したり、ギャンブル依存症で自殺者が増えたりしたそうです。地元にはカジノで使う資金を借りるための質店が並び、カジノで勝った人向けの風俗店も増えた。炭鉱のときには栄えていたような商店街もカジノにお金を吸い上げられてしまってガタガタになってしまったそうです。私は大阪もそんなふうになってしまうのではないかと思います。

夢洲も交通の便が悪いですよ。行きにくいということは帰りにくいということです。とりあえず勝つまでやろうとなる。お金が無くなると、オリックスの人がやって来て、「お金借りませんか」と勧めるでしょう。缶詰にされ、そこでお金使ったら、たとえ儲けたとしても「今からミナミでも行こか」ってならないですよね。

来春の地方統一選挙の争点はカジノ

大阪IR株式会社は40％がオリックス、40％がMGM、残りの20％を小口出資者が出資しています。MGMは外資です。毎年2000億円ぐらい持っていくのですから、大阪の経済にとってプラスになるとは思えないですね。

経済、治安、ギャンブル依存症の問題。この三つは大阪に住んでいたら避けては通れない問題になってしまいますので、カジノに行かないとか、関心がないとかっていうことは違うということを、しっかり伝えていかないといけないと考えています。

2023年春の統一地方選では、大阪のカジノをやめるのかやるのか、いや、このまま進むのか止めるのかが争点です。21万人を超える方が署名をしてくれた運動の時のような熱を再び、反対運動に込めていかないといけないと思います。

もし、それまでに国からの認可が出ても関係ありません。**夢洲は大阪市の市有地です。大阪市長が首を縦に振らなければ、インフラ整備だろうがカジノの建設だろうが、できないのですよ。**だから大阪市長選が大事なのです。もちろん、大阪市長だけではなく、府知事にも連携していただかないといけないですし、政令市の堺市長にも歩調を合わせていただかなければいけない。

国の認可があるとかないとかわかりませんが、私は違約金を払うなどのリスクを背負ってでも、カジノはやめるべきだと思っています。

正直に申し上げて、今、住民投票運動のときのような盛り上がりは、一般の方々にはありません。旧統一教会の問題とかあり、関心が薄れてきています。そこをもう一度、盛り上げていくような取り組みをしていかないといけないと思っています。

「地元との合意形成」なし

大阪ＩＲ株式会社に出資する三菱ＵＦＪ銀行と三井住友銀行に対し、融資をするなと訴える活動も大事です。桜田教授によると、メガバンクのような金融機関がカジノに融資することは国際的にないそうです。企業倫理に照らし合わせて銀行が融資するような案件ではないのですね。

また、ＭＧＭやオリックス以外の小口の出資者である関西電力や大阪ガスなどに対し、「大阪府民の生活を守るべきあなたたちが企業倫理に照らし合わせてカジノに融資するっていいんですか」ということははっきり言わないといけないと思います。

大阪府知事や大阪市長が「バラ色ですよ、素晴らしいですよ、めちゃめちゃ儲かりますよ」「大阪の未来は明るい」みたいなことを言い続けたから、信用して出資している企業や融資を決定した金融機関には、気づいてもらうためにもわれわれ消費者、預金者がしっかりと伝えていかねばならないと思います。**20社ある小口の出資者のうち1社でも降りたら大ニュースになります。**それぐらいのことをやらないといけないのではないかと思っていますので、今後どんな方法があるのか考えていきたいと思います。

国の認定作業には2段階、「要求基準」と「評価基準」というものがあり、それを順番にまず観光庁が審査をし、それからカジノの審査委員会、有識者会議が審査をするという流れになっています。

要求基準にも評価基準にも入っている項目が「地元との合意形成」なのです。はっきり申し上げて、大阪のＩＲの場合、全くできていません。地元住民から話を聞く公聴会は4回しか開催されていません。地元への説明会も、六つの市町村で11回やる予定だったのが結局7回。コロナを理由に打ち切ってしまいましたよね。公聴会で出た意見は、40ぐらいあった意見のうち35ぐらいが反対、否定的な意見。これで地元の合意形成ができたって言えますか。何より皆さんの努力で達成した21万人の住民投票を求める署名を、大阪府と大阪府議会は無視したのです。否決しているのですよ。合意形成できているわけないじゃないですか。この21万人の声ってどこに行ったのですか。

先ほど言ったように、一般の人たちに広げることも重要ですが、2大メガバンクとカジノに出資する民間企業にもしっかりと反対の声を届けていくことがこれから大事だと思います。

府民21万筆の署名が求めた住民投票を、大阪維新の会と公明党の反対などで否決

子どもたちにどんな大阪を残すのか

カジノを契約期間の65年間続けたら、大阪の街の世相とか、空気感みたいなものは、どん底まで地の底に落ちるのではないか心配しています。これだけは絶対に止めないといけませんし、私も子どもがおりますけども、あの子どもたちにそんな大阪を残したくないと本気で、もうこんな大阪では駄目だというふうに思っておりますので、どうか皆さんのお力をお借りしまして、これからの活動につなげていきたいと思います。

第2章

カジノ・夢洲整備で大阪は破綻する

立命館大学教授
森 裕之

今回の講演のタイトルは「カジノ・夢洲整備で大阪は破綻する」ですが、私が強調したいのは「夢洲整備」の方です。大阪のカジノの特徴は、会場となる大阪市の人工島・夢洲を整備しなければならないことです。

カジノそのものも問題ですが、**私は夢洲整備で大阪は破綻すると思っています。**大阪市が整備するための費用を負担できなくなったら、大阪府が肩代わりしなければならず、湯水のごとく大阪の公金を入れていくことになるのです。

大阪府・市が2022年2月にカジノ事業者である「大阪IR株式会社」と結んだ基本協定書を精査すると、恐ろしい契約内容になっています。まるでハゲタカファンドと契約を結んだようなものです。これからどれだけ税金がむしり取られるかわかりません。常識さえあれば絶対に結ばないような契約です。

府は2022年4月、IR誘致に向けた区域整備計画を国に申請しました。今後、国の有識者委員会による審査を経て、認定されれば2029年秋から冬ごろの開業を予定しているというのです。私たちはすでにここまで来てしまっています。そのことを皆さんと共有し、大阪カジノをどこで止められるかを考えていくことが大切です。それを止める以外に大阪の破綻を防ぐことはできないということをお伝えしたいと思います。

大阪市は土地とお金を出すだけ

カジノの整備にかかわる法律は、2016年12月に施行された「カジノ法(IR推進法)」です。日本では公営ギャンブル以外は認められていないのですが、それを初めて民間に解禁した法律です。この推進法では、自治体の主体は都道府県か政令指定都市と定められています。例えば、和歌山だったら県で、和歌山市は入っていません。横浜市は逆で神奈川県は入っていませんでした。それが大阪の場合には府・市の両方が入っているのが特徴です。

基本協定書に書かれている「大阪IRの実施主体」を見ていくとあることに気づきます。まず、大阪市の役割として「土地課題対策に要する費用の負担に係る債務負担行為」があげられています。夢洲はゴミとヘドロの島です。その島で「2025年大阪・関西万博」を開催し、カジノを展開するというのですが、ゴミやヘドロの上ではできません。しかも超軟弱地盤です。そのための土地対策が必要となってくるのですが、それを基本協定書では「土地課題対策」と呼んでいます。これは「地中障害物撤去」「土壌汚染対策」「液状化対策」の三つです。

債務負担行為とは、後年度に自治体が財政負担することを約束することです。今回の場合は、自治体に代わってカジノ事業者に土地課題対策をやってもらい、後でかかった費用を自治体が支払うことです。

大阪市はこれまで、人工島の舞洲や咲洲の土地を事業者に販売・賃貸する際、契約後に土壌汚染などが見つかっても費用を負担しない「瑕疵《かし》担保責任の免責」を原則としてきました。しかも、松井一郎市長は「IR、カジノに公金は一切使わない」と説明していましたが、市は事業者からの求めに応じ、液状化や土壌汚染対策費として790億円の負担を決めたのです。「上物の整備と地下の整備は一体化している」というのですが、カジノ事業者にだけ便宜を図っているのは明らかです。

IR、カジノに
公金は
一切
使わない
んでね
実際は液状化や
土壌汚染対策費として
790億円の負担
べーら
べらべら

にもかかわらず、2022年3月の市議会で、790億円の債務負担行為が大阪維新の会と公明党の賛成多数で可決されました。

賛成した議員は基本協定書を読んでいないのか、その中身を理解できていないのではないか。こんな無責任極まることが許されていいはずがありません。

大阪府・市とカジノ事業者で基本合意が締結された後の手続きにおいては、大阪IRの実施主体から大阪市が消えます。ここから区域整備計画の認定の申請、実施協定の認可の申請、実施協定の締結と続くのですが、実施主体は大阪府とカジノ事業者の2者となります。

大阪市が再び出てくるのは、そのあとの「立地協定の締結と事業用定期借地権設定契約の締結」です。要するに、「大阪市の土地を使っていいですよ」という時に出てくるのです。

これでわかるように、基本協定書を結んだ主体は、大阪府と市、カジノ事業者の3者ですが、実際は府とカジノ事業者が中心となって、IR事業と夢洲整備を進めていきます。**市は夢洲の土地所有者として、その整備の大部分を負担させられる。要するに、土地とお金を提供するだけの存在なのです。**

もちろん、自治体の主体は府ですから、市が負担できなくなれば、府が肩代わりすることになります。大阪府民全体の問題となるのです。

埋め立てゴミを掘り出し処分

夢洲は1970年代からあらゆるゴミを埋め立ててきました。建設残土や浚渫土砂など、建設工事や河川掘削によって出てきた土砂を埋め立てています。河川からの土砂はヘドロですから有害物質もたくさん入っています。2011年3月に東日本大震災で発生した「放射性がれき」を受け入れましたが、その焼却ごみも埋められています。その他の産業廃棄物も入っています。

本来なら、夢洲は2040年頃まで処分地として利用し、埋め立て完了後は大阪港の物流拠点となるはずでした。ところが、14年4月に当時の松

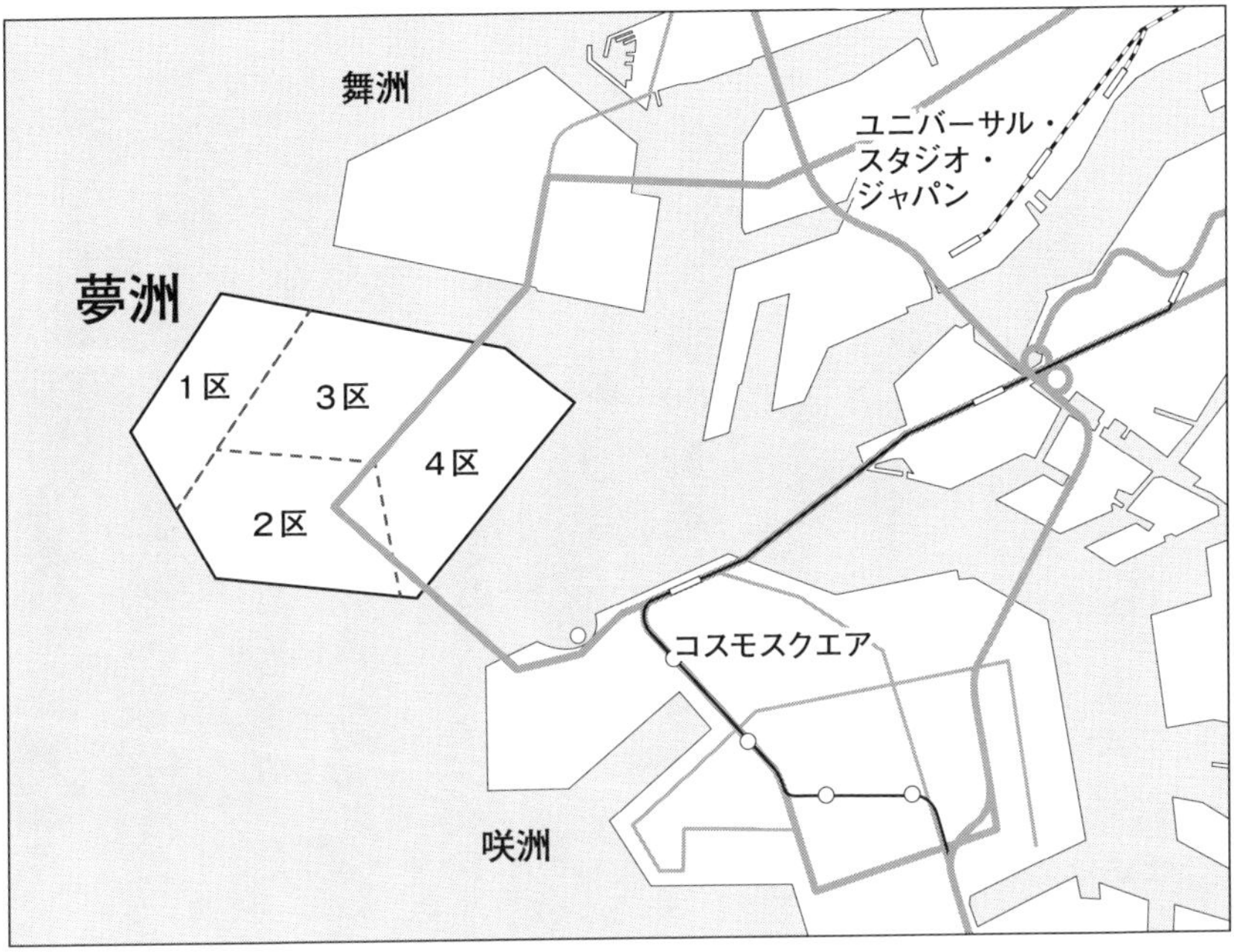

井知事が夢洲にIRを誘致すると言い出して、政策を急に転換したのです。18年11月には「2025年大阪・関西万博」も夢洲で開催されることが決定しました。

万博会場は1区の約155ヘクタール、IR予定区間が3区の約49ヘクタールですが、これらの用地はどんどん広がっていきます。2区は一切使わない予定でしたが、万博会場が間に合わないので使うことになりました。

2022年4月に夢洲を見学してきました。大阪港湾局の許可が出るまでかなり時間がかかりましたが、何とか現場を見ることができました。その後は本格的な夢洲整備事業が開始されますから、今後、夢洲に入るのは難しくなると思います。

大阪港湾局はもともと大阪市港湾局でしたが、二重行政の廃止や府・市一体化という名目で、現在は大阪府と一緒にやっています。

大阪港湾局の府・市職員の対応は全然違います。市職員は、夢洲がどういう土地なのか、どう

夢洲整備の現況（2022年4月24日）

いうふうに使わないといけないかがわかっています。これから出てくる産業廃棄物や浚渫残土、建設残土などを埋め立てていくところなのですから、元来の活用の仕方がわかっている。それが、急に政治が万博だの、カジノだのと言い出した。大事に時間をかけてゴミを埋め立てていかなければいけないのに、きれいな土砂をわざわざ買ってきて埋め立てているのですから、彼らには耐えられないと思います。「自分たちはこれまでいったい何をやってきたのか」という気持ちになるでしょう。さらに、これまで使命感を持ってやってきた市職員は次々と他の部署などに飛ばされているのが実情なのです。

一方、府職員は上から命じられるまま淡々と仕事をこなすだけです。事実上、大阪港湾局は大阪府に牛耳られています。

夢洲では、埋め立てが急ピッチで進められていました。

1区は土壌の4割ぐらいが汚水なので、抜かなければならない。ここは産業廃棄物が埋まっているところだからヘドロです。ここから出る汚水は2区へ流され、浄化されています。投与された薬品に反応して泡が出ており、温泉の間欠泉を見ているようでした。どう見ても危険です。

市側は「2区、3区にゴミは入っていない。建設残土と浚渫土砂だけだ」と説明していましたが、2区と3区にも廃棄物や汚染物質はありました。大阪メトロ中央線、夢洲延伸工事（北港テクノクラート線）駅舎部分から**ヒ素やフッ素、鉛が検出されましたが、市は2、3区の土地全体を土壌調査した形跡が見られません。**

２００3年2月に施行された「土壌汚染対策法」では、「30平方㍍の区画ごとに土地汚染の状態を調べなければならない」とあり、30㍍の格子に分割したうえでそれぞれの土壌汚染調査を行うか、「みなし汚染土」として土壌を処理しようとすれば、それまで埋め立てた浚渫土砂や建設残土などを掘り起こして新たに処分しなければならなくなります。まさに税金の無駄遣いです。

これまで長い間かけてゴミを埋め立ててきた

のに、土壌汚染が出たからとしてまた掘り出す。まったく何をやっているのかわからない。市の港湾局職員はたまらないと思います。

IR売上高の8割はカジノ

ようやく全容が明らかになった基本協定書では、大阪IRの事業者は「大阪IR株式会社」と名乗り、その初期投資額は約1兆800億円とあります。借入で5500億円、出資で5300億円を調達する計画です。

出資割合は、中核株主としてラスベガスに本社を置くMGMリゾーツ・インターナショナルとオリックスがそれぞれ約40％ずつ、残りの20％を関西の地元企業を中心とする20社が出資することになっています。

少数株主となるのは、岩谷産業、大阪瓦斯（ガス）、大林組、関西電力、近鉄グループホールディングス、京阪ホールディングス、サントリーホールディングス、JTB、ダイキン工業、大成建設、大和ハウス工業、竹中工務店、南海電気鉄道、西日本電信電話、西日本旅客鉄道、日本通運、パナソニック、丸一鋼管、三菱電機、レンゴーの20社。そのもとに、さまざまな協力企業がくっついており、カジノで儲けるのではなく、夢洲整備で儲けようとしている意図が見え隠れします。

IR誘致を計画する土地面積は49ヘクタール。土地を所有する大阪市に支払う賃料は1平方メートルあたり月額428円。賃貸借期間は土地の引き渡しから35年間（延長30年間）ですから、これによる不動産収入は35年間で880億円に上ります。ただし、大阪市が土地改良に必要な費用として790億円を負担することになっており、それを差し引くと100億円程度の純収入しかありません。しかも、これからも土地対策のための負担は増えていくのは必至です。

また、開業3年目のIR事業全体の売上高を約5200億円と試算しています。そのうちの8割にあたる約4200億円がカジノの売上高となっています。

IR事業への年間来場者は約1987万人とさ

れ、うち8割に当たる1610万人がカジノ来場者です。ちなみに、ユニバーサル・スタジオ・ジャパン（USJ）の過去最高（2016年度）が1400万人、東京ディズニーが3000万人。日本最大級の国際展示場「インテックス大阪」は400万人。大阪IRに2000万人近い来場者があるのか誰がみてもあやしいものです。

カジノ売上試算
IR事業への年間来場者は
約1987万人で
うち8割に当たる
1610万人が
カジノに来るハズ。
ようするに大儲け。
大もうけ
エキスポ 2025
※ユニバーサル・スタジオ・ジャパン(USJ)の
過去最高来場者数(2016年度)
1400万人
どこをどうしたらUSJより人が来るて
試算になるんや！
そんなわけあるかい！

想像つかない夢洲整備費

問題の夢洲整備についてはどれだけお金がかかるのか、これについてはまったくわかりません。想像もつかない金額です。

大阪市が公表しているのは、大阪港湾局が把握している金額だけで、他の部局が絡む費用については現時点でも明らかにされていません。

大阪港湾局によると、2024年までに1141億円が必要であると推計しています。ここには先ほどお話ししたIR予定地の土地改良費への債務負担行為790億円は入っていません。

大阪の都市部と夢洲をつなぐ阪神高速道路「淀川左岸線」工事についても、当初の1162億円が2900億円（一部国が負担）と2・5倍に膨れ上がる見通しです。全面開通も最大8年も遅れる可能性が出ています。大阪市は淀川左岸線を万博会場へのアクセス道路と言っていますが、たかが半年間のお祭りのためにこれだけの費用をかけるはずない。この道路は明らかにカジノのためのものです。

　このほかに、大阪メトロの延伸部の地中障害物撤去などで96億円、夢洲駅（仮称）の施設整備などで63億円かかるなど、**現時点で分かっているだけでも大阪市の負担は4000億円を超えているのは間違いありません。**市の財政負担は今後さらに膨らむのは確実です。

　その大きな要因の一つが、基本協定書でカジノ事業者と交わした790億円の債務負担行為です。カジノ事業者である大阪IR株式会社は土地課題対策を市に代わって実施し、その費用負担を市が債務負担行為として約束しています。通常の公共事業では自治体ができるだけ経費を抑えるために入札が義務付けられていますが、カジノ事業者が関連企業などに発注する際は「随意契約」です。入札する必要がないのです。

債務負担行為の恐ろしさ

　債務負担行為に基づいて大阪IR株式会社がIR建設・整備の土地で土地課題対策事業を行う際、それにかかったお金はすべて大阪市が負担してくれるわけですから、同社があえて安くしてくれる事業者を選ぶ必要がありません。それどころか、自らの関連企業などに高額で発注を行うはずです。**すべて公金で負担されるのだから「いくらでも大丈夫だ」となり、高い価格で発注する可能性が高い。**とても適正価格で事業が行われるとは思えません。カジノ事業者が窓口となり、自らの関連企業などがもうかる構図ができているのです。

　しかも、790億円はあくまでも現段階での話です。地中の状況がまだわからないのですから金額の根拠すら疑わしいものです。これが1000億円、2000億円となっても、市はカジノ事業者に払わざるを得ません。

　通常の公共事業でも、地中障害物の存在などが工事開始後に判明した場合には、当初の契約価格を引き上げることになります。公共事業の場合には、このような契約変更についてはかなり厳格な手続きが庁内で取られますが、今回はそのような厳格性が担保される保証はありません。

松井市長は「適切にチェックする」と言っていますが、どうやってチェックするのか。できるわけがないのです。

ましてや、予算で約束する債務負担行為とは後年度の財政負担の「限度額」であり、これをさらに議会の同意で引き上げることは可能なのです。

もし、市が「そこまでは負担できない」と支払いを断ったら、カジノ事業者はその瞬間に「それならうちは撤退します」となるでしょう。基本協定書ではカジノ事業者は違約金なしで撤退できるいくつかの条件が認められており、この債務負担行為の議決も盛り込まれています。つまり、議決しなければ「撤退するぞ」との脅しが効くのです。

現時点でカジノ事業者は建物には1円もかけていません。彼らはいつでも撤退できる。この時点で、府・市の方からカジノを止めると言えますか。それではすでにつぎ込んだ税金が無駄になってしまう、市民からの批判が集中する。府・市は税金を吸い尽くされる泥沼に陥った状態になってしまっています。

地盤沈下対策費も負担？

大阪市は「大規模リスク管理会議」を設置しています。市がＪＲ天王寺駅南西部で約40年にわたって進めてきた「阿倍野再開発事業」で２０００億円もの損失を出したことから、大規模開発の際にはきちんと財政リスクを管理しようとなったのです。

大阪ＩＲ・夢洲整備に対し、２０２１年12月の大規模事業リスク管理会議は、土地造成や道路、上下水道、鉄道などで21年度以降にかかる費用を２４８２億円と試算しています。この中には、土壌汚染対策費や地中障害物撤去費、液状化対策費などの土地関連費用７９０億円も含まれていますが、この額で収まるはずがありません。

しかもここには含まれていない「地盤沈下の対策費」が基本協定書の中にこっそり盛り込まれているのです。

夢洲は、地盤の強度を表すN値がほとんどゼロという超軟弱地盤です。金槌を置いてもどんどん沈んでいくほどで、建物などつくれる場所ではありません。

海底深く存在する固い洪積層まで杭が届かなければ危ないとされていますが、夢洲の土地はこの洪積層そのものが沈下する極めて珍しい地盤ゆえ、その対策だけで複雑かつ困難な技術を要します。

1本8000万円とも1億円ともいわれる杭をいくら打っても建物の安全は担保できないとも言われています。

関西国際空港は未だに沈んでおり、2018年9月に関西に上陸した台風19号で水没しました。これとまったく同じような土地なのです。

地盤沈下に加え、液状化が生じた場合は技術的にも未知とされており、土地に関するあらゆる課題は市が対処すべきこととなっています。大阪市そして大阪府は、税金がどんどん消えていく底なし沼に入り込んだようなものなのです。

税金で公共インフラも?

基本協定書を精査すると、「公共インフラ整備等による本件工事に対する制限が、設置運営事業の投資リターンに著しい悪影響を与える恐れがないこと」との一文が入っています。つまり、大阪IR株式会社によって「儲からない見通しだったら、税金で公共インフラをどんどん整備しろ」という条件をつきつけられているのです。

それだけではありません。「公共インフラ整備等」とは道路、上下水道、電力、ガスなどで、公共インフラだけでなく、民間のインフラも含まれています。例えば、カジノ事業者が「カジノにはもっと通信網が必要だ」とか言い出したとすると、大阪市は認めなくてはならなくなる。結局、大阪IR株式会社に名を連ねている関西電力やNTTなどが儲かる仕組みになっているのです。

しかも、公共インフラの対象は「夢洲内」とは限定されていません。オリックスはIRへの客を運ぶため、「関西空港にも専用の港を造れ」と言っています。そこまで拡大してしまう可能性があり、事業費はすべて大阪市が持つことになるのです。

基本協定書は、カジノ事業者が解除できるようになっています。その撤退条件の一つに、「著しい悪影響」などと書いてあり、「不可抗力でカジノが損失」を被っても大阪市は金を出さなくてはならなくなる可能性があるのです。

さらに、**カジノ事業者は「予定していた儲けが見込めないので止めます」とも言える。彼らは損害賠償も違約金も負担しないで、さっさと辞めることができる。**もともとカジノ事業は35年間もやるつもりはないのではないか。1兆円を超える投資を行うと言いながら、市に金を出させるだけ出させ、建物を建てる前に辞めるのではないかと勘繰っています。

皆さんならこんな計画に印鑑を押しますか。基本協定書の「不可抗力」には疫病や暴動まで入っています。まさに何でもありです。

阿倍野再開発超える財政リスクに

これまで大阪市が経費を削ってきた背景には過去の不良資産がありました。その中でも極端に大きいものが阿倍野再開発事業の損失で、約２００0億円に上っています。市は一般会計からこの事業への損失補填が２０３２年まで続きます。一方で、今回の夢洲整備は４０００億円ではすまないでしょう。夢洲整備は、大阪市にとって史上最大の財政リスクとなります。

経験のない地盤沈下、液状化対策、膨大な土壌汚染対策、カジノ事業者への債務負担行為、カジノ事業者へ隷従した公共・民間インフラの整備などによって、市の財政負担がどれだけに上るのかは想像を絶します。そのつけは、大阪市民さらには府民にとって必要な公共サービスや公共事業の削減となって顕在化してくるでしょう。

阿倍野再開発事業は、防災上、危険だったところの整備という名目がありました。大阪南港のＷＴＣとＡＴＣは、経済交流の国際拠点にするという公共性もありました。しかし、カジノ・IRは都市計画としても、産業政策としても、府・市が実施するような大義名分がありません。そんなものに何千億円もかけるなどあり得ないことです。

カジノによって引き起こされる「ギャンブル依存症」とその社会経済的影響は不可逆的損失であり、事後的救済では取り返しがつきません。しかも、主なターゲットは関西の人たちです。府・市は、財政破綻の回避、都市計画・産業政策としてのあり方、不可逆的損失を発生させない予防原則に立って、現在のカジノ・IRを即刻中止すべきです。

否決された「都構想」ごり押し

こんなバカげたカジノ・IR事業が進んでいる原因は「都構想」にあります。府・市による「大都市局」や「副首都推進局」が設置されて以来、府・市共同組織が次々と設置されてきました。2017年に「IR推進局」、20年に「大阪港湾局」、21年に「大阪都市計画局」と「万博推進局」。その年には「広域一元化条例」が成立し、府・市の一体化がさらに進みました。

要するに府が市に乗り込んできて大きな顔をしている。挙句の果てには、市の財政局長と財務部長、経済戦略局長には府職員が就任し、市の財政と経済政策も府の管轄下にある。これらの共同設置組織や条例の目的は、市の都市計画や公共事業の権限を府に移し替えるものであり、さらには市の税金や経済も府が握るものである。これはまさに「都構想」の目的だったことです。

都構想は否決されたのに、「大阪市は残してやるから事業は大阪府にやらせろ。金もよこせ」として市から府が吸い上げた。市の経済も財政も府に握られ、完全に隷従させられています。市の公共事業や都市計画・開発なども府に牛耳られた。市に統治能力がなくなり、他者に統治されていることで、IRのような滅茶苦茶な事業が実現してしまった。

その結果、莫大な公金がゴミの島に投じられようとしている。史上最悪の事業を止めるしか大阪を守れません。議会や行政には頼れない。市民の力しかありません。

第3章

夢洲カジノ 問われる誘致の是非

阪南大学教授・「カジノ問題を考える大阪ネットワーク」代表
桜田 照雄

カジノ事業者が大阪府と大阪市と共同して「区域整備計画」を作り、府議会・市議会の承認を得て国に申請しました。

カジノ実施法は「カジノ誘致を決める時は住民の合意が必要だ」と定めていますが、新型コロナウイルス感染拡大を理由に住民説明会を最後までやらなければ、公聴会も「言いたいことがあったら言ってください。その代わり、聞きませんよ」という態度でした。

手続き的な不正があったりとか、計画が過大であったりとか、いろんな疑問が次から次へと出てきています。

カジノに反対する運動を通じて、人々の連帯する力とか、「利他」＝他人を思いやる気持ちというものを市民運動の中で作っていかなければならないと考えています。というのも、国や維新は、市民一人ひとりを分断しています。「人に頼ってどないすんねん」とか、「頼りになるのは自分しかないいんや」とか。

カジノができてしまうと、そんな分断された社会が当たり前の世の中になってしまう。そこに何とかくさびを打つ。少なくとも心の中では、人と人とのつながりや連帯を大切にしようとする、そういう生活を自分の中で実現させていく。カジノ誘致を断念させることができれば、一人ひとりが自律した市民ができるのではないかという期待感を、私は持っています。

維新がカジノにしがみつく理由

「大阪維新の会」の看板政策はカジノ誘致と「都構想」の二つ。大阪府知事だった橋下徹さんはこう言っていました。「カジノは『大阪都構想』を実現するための試金石だ」と。つまり、カジノを通せば都構想も通せるということで、カジノは登場してきたのです。

「こんなわい雑な街はない」とか、「子どもの頃からギャンブル教育をやって、大人になったらギャンブルめいたビジネスの中で稼ぐような子どもをつくらなければならない」とか、言い続けてきたのはそんな背景があったからです。

2度の住民投票の末、「都構想」がつぶれたので残るはカジノだけ。だから、維新はカジノを実現させようと必死になっているのです。

橋下さんはこんなことも言っていました。

「ベイエリア開発の失敗は，都市政策で重要なアクセスとシンボル性が弱かった。カジノが大きなキーワード。財界が乗ってくるような大きな話をまとめたい」（2009年9月15日、夢洲・咲洲まちづくり推進協議会で）

ベイエリア開発の失敗理由を語っていますが、理由を裏付ける証拠はありません。彼の単純な感想です。財界が乗ってくるような「大きな話」とは金額規模のことです。

そのほかにも、「全国民を勝負師にするためにも、カジノ（合法化）法案を通して下さい」（10年10月28日、ギャンブリング・ゲーミング学会で）とか、「スーパーリゾート型カジノは、大阪にうってつけ」（2010年1月23日、シンガポールの「マリーナベイ・サンズ」の視察で）などと語っていました。

カジノで町おこし?

国内でカジノ誘致の話が出始めたのは1999年。当時の石原慎太郎・東京都知事がフジテレビのある「お台場にカジノを造りたい」と言い出した。年間300億円ぐらいの税収を見込み、教育や福祉に使うなら都民も許してくれるのでは、と計画を出しました。

その時、法務省はきっぱりと「ダメです」と言いました。ところが、同時に「国のレベルでカジノをやろうということが政策として出てきたら、それはその時に考えましょう」という妥協的な態度を示したのです。

小泉内閣の時に「経済特区」という考え方が出てきました。すると、「特区制度を使って、カジノを誘致できないか」というプランを、全国20数カ所の自治体が出してきたのです。

例えば、秋田県の「イーストベガス構想」（東洋のラスベガスという意味）は涙ぐましい計画でした。「秋田県は日本一の高齢化県だ。このままでは秋田県の将来はない。カジノを誘致できれば、世界中からお金持ちが集まってきてくれて、お金も使ってくれて、雇用も生まれるのではないか。秋田の名産品も売れるのではないか。県内に観光に出かけてもらえるのではないか」という計画を、地元の商工会が中心となって打ち出します。

三重県鳥羽市もそうでした。「伊勢に修学旅行に来る生徒も少なくなってきたし、観光地としての値打ちも落ちてきた。何とかもう一度豊かな町・鳥羽をつくるきっかけにカジノがならないか」。そんな地域経済の再生を願う気持ちがあらわれた計画が出てきます。

今も残っているのが、長崎県が佐世保市にあるテーマパーク「ハウステンボス」に誘致を目指す計画です。「テーマパークを造ったけれど飽きられて人が来なくなった。何とかカジノでもう一度、ハウステンボスに人を招こう」という「嘆きの計画」なのです。

リーディング産業を探せ

バブルがはじけた1990年以降、歴代の自民党政権が追求してきたのが、自動車や家電に代わるリーディング産業、日本の産業全体を引っ張っていってくれるような強い産業を作らなければならないという考え方でした。

大阪について言えば、90年代に入ると、シャープがこけて、三洋電機がなくなり、天下のパナソニックですら青色吐息でした。

そんななか、1995年12月に磯村隆文さんが大阪市長に当選します。磯村さんは「産業の空洞化はもう避けられない。大阪経済から工場が出ていくのは仕方ない。集客産業だ、人が集まってくれる産業にシフトしよう。そこに力を傾けよう」

と言い出した。なぜ、そんなことを言い始めたのかというと、94年にユニバーサル・スタジオ・ジャパン（ＵＳＪ）の誘致に成功した実績があったからです。

集客産業がクローズアップされて、道頓堀にプールを作ろうやとか。その後、人を集めるという政策は大阪市の政策として30年間変わっていないのです。

行き着いたのは観光産業

日本経済全体の話に戻ると、小泉内閣の時に「観光産業を日本の基幹産業に位置づけていく」という施策が出てきました。２００６年には「観光庁」が誕生しました。以来、日本の観光政策は国交省の主要政策の位置を占めています。

経済学的にみると、デービッド・アトキンソンさんの主張なのですが、「外国から来る訪日観光客８人の消費額が日本人１人の消費額に匹敵する」と。ということは、「年間８０００万人を外国から誘客できれば、人口が１０００万人増えたことと同じだ」と。少子高齢化の中では人口は増えない。政府は移民労働に頼るということを拒否しているので、生産人口は増えることはありません。

サービス産業が重点になっているので、生産性を上げようとしてもうまくいかない。イノベーション（新しいサービスや製品などを生み出すこと）という手段があるが、そんな成長産業もおいそれと見つからない。現に、２０２５年大阪・関西万博でも「健康万博」といって、大阪は製薬業界が強いからということで万博のテーマに選んだかもしれませんが、日本一の武田薬品は世界中の製薬会社から見れば中小企業なのです。それだけ資本力、資金力に違いがあります。遺伝子操作をベースにした新薬開発になっているから開発には膨大なお金がかかります。１０００億円を超える単位で新薬の開発費が必要となってきます。これではとてもじゃないけれど、国際競争力という見地から見たときに企業経営はどうなるのかという話になります。で、製薬会社ではリーディング産業になり得ない。で、唯一残っているのが観光産業という話になります。

阪南大や和歌山大に観光学部があります。国の政策が観光を重視するようになって、大学も観光学部を作って人材育成に取り組んでいますが、観光の研究者の中では「カジノというのは当たらないはずがないアイテムだ」と言われています。「カジノは外れるはずがない」と。なぜか。

そもそも何のために観光するのか。「日常性から離れるため」だという。つまり、「非日常性を体験するため」というのが観光理論の一番の基礎理論なのです。新しいもの、刺激になるもの、日常で味わえないものを求めて観光という行動に出るのだと、学界でも業界でも考えられていますから、カジノは賭博で、ましてや日本社会で言えば「持統天皇の時代から千数百年間、日本は賭博を禁止してきた国だ。そんな国ならばこそ、受け入れられないはずがない」と考えられているのです。

マネーロンダリングの危険性

カジノで大負けしても平気な人がいます。他人の金で遊んでいる人、負けることを請け負った人です。

前例があります。1976年にロッキード社から5億円もらった田中角栄元首相が受託収賄と外為法違反で逮捕されましたが、それで、ロッキード社から5億円の返金を求められた。その時に登場したのが「ハマコー」こと浜田幸一さん。「ラスベガスへ行って5億円負けてくるわ」と言って返済してきたと言われています。こんなやり方を「マネーロンダリング」と言います。

マネーロンダリングに関する日本の専門家はいません。今では、警視庁の担当者が唯一の研究者だと思います。

世界各国の中央銀行が集まった「国際決済銀行

（BIS）」がマネーロンダリングについての調査を10年に一度やっています。そのたびに調査報告書を公表します。その中で日本の銀行は「マネーロンダリングに対して脆弱である」と指摘されています。マネーロンダリングをやる方から言わせると、日本の銀行ほど甘いところはないとの烙印を押されているのです。

夢洲にカジノができると、米カジノ事業者MGMの口座が三菱UFJ銀行と三井住友銀行、オリックス銀行に設けられることになります。ラスベガスやマカオにあるMGMの口座と結びつきます。さまざまな犯罪収益がカジノ事業者の口座を通過することになります。

カジノ事業者の口座に5億円預け、カジノ事業者はチップに変えた。それを現金化した。犯罪から得られたお金が賭博によって得たお金だということで言い訳できるようになる。カジノ事業者には銀行法が適用されないから、捜査権限は及ばない。こういうものを日本に作っていいのかという議論は残念ながら、専門家のなかで行われていません。なぜなら、マネーロンダリングについての研究者もいなければ、警察のごく一部の機関でしか調査・研究しないから。マネーロンダリング対策をしっかり議論しようという機会がなかなか得られない。このような背景があります。

夢洲カジノは巨大なパチンコ屋

事業計画からみると、夢洲カジノは6400台のゲームマシンを並べる「巨大なパチンコパーラー」「巨大なゲームセンター」です。ターゲットは外国人の富裕層ではありません。国内客です。

開業は区域整備計画の認定後、最長10年先を想定しています。

6000円の入場料を払ってでも遊ぶ値打ちがあるものを作るはずです。10年先ですから5Gどころか、6G、7Gと言われるような通信技術の発展があるでしょう。それから当然、バーチャルリアリティーの装置になるでしょう。日本は、ゲーム機の開発については最先端ですから。

夜中の2時、3時までゲームと向き合っている子どもたちが結構いるでしょう。今の小学1年生が10年たったら17歳、15年たったら22歳ですから、今の子どもたちが確実にターゲットになるわけです。

10年後には今は認められていなくても、オンラインカジノも開くでしょうから、それこそ、教室の中で隠れてゲームするのと同じ感覚で、実は博打をやっているという子どもができ上がってしまいかねません。

いろんな制限をかけると言いますが、あやしいものです。そんなことを心配するのなら、やめておけというのが、もっとも合理的な判断だと思います。

土壌汚染の公金投入には前例が

2006年11月、大阪市議会決算委員会で共産党の瀬戸一正議員（当時）がこういう質問をしました。

「USJ内のジュラシックパークなどがある地域は、住友金属の産業廃棄物の土壌汚染が発覚した土地だが、その発覚は仮換地がすんだ後であり、住友金属は産廃処分場と同じ面積の立派な土地をもらい、産廃の土地は大阪市に押し付けられている」

1970年代までは環境問題とか、公害防止に関する規則など、ほとんどないのです。だから、重金属を含んだ汚染土壌をどう処分するのかといえば、処分業者にカネを払うことなく、自分の敷地に埋めていたのです。

USJの案件は、1000億円の費用を公金で処理しました。この汚染土壌は，夢州（産業廃棄物の処分場）に持っていかれているはずです。どこに埋めたかの記録も残っているはずです。でも、問題になっていない。住友金属との不明瞭な取引について、当時の関淳一市長は態度をあきらかにしていません（その後の調査で、「不明である」との返答が港湾局からありました）。

それから、阿倍野再開発計画で２０００億円の借金ができましたが、２０１０年から30年までの20年間で、大阪市は一般会計から毎年１００億円ずつ返済しています。こういう市政の誤りを大阪市は反省しているのでしょうか。

「何でもありやったんかい」

夢洲は産業廃棄物の処分場です。発がん物質であるダイオキシン、さまざまな健康被害をもたらすＰＣＢ、中毒を引き起こすヒ素、青酸カリの材料となるシアン。「土壌汚染対策法」の環境基準ができる２００６年まで、化学物質を製造消費する工場は、敷地の中に有害物質を埋め立てていました。工場が廃止されて土地が売却され、その土地にタワーマンションをつくろうとした時に有害物質があることがわかって汚染土壌を処分しなければならない。その処分地が夢洲だったのです。

大阪湾にそそぐ河川――尻無川や安治川、木津川には工場廃液が垂れ流されていました。公害が問題となって工場廃液の規制を始める１９６０年代の終わりまで、産業革命以来、１００年近く垂れ流しが続いていたのです。その川底をさらって夢洲の埋め立てに使ってきました。

驚くべきことに、川底をさらって埋め立てに使う土砂は、廃棄物ではないと法律で定められていました。埋め立てを進めるための手続きも不要。そうして造成したのが夢洲です。この事実を知った松井市長は「何でもありやったんかい」と言ったそうです。

土壌汚染対策費は青天井

大阪市はカジノ用地の対策に７９０億円の公費を投入します。内訳は、液状化対策４１０億円、土壌汚染対策３６０億円、地中埋設物の撤去20億円。**1億トンもの土砂が埋め立てられているので、**

土壌汚染対策は360億円ではとても済みません。1億トンもの土砂で埋められているわけですから。本当のことを大阪府や大阪市は市民に語っているのでしょうか。

そもそも、夢洲は、ビルなどを建てる場所として、商業用地として使うことを予定していません。工業用地として活用する計画でした。だからここにカジノや、梅田の三つの百貨店、大丸・阪神・阪急を合わせた日本最大クラスの30万平方メートルという商業施設を造ろうとすると、まず護岸の堤防を強化する工事から始めなければなりません。夢洲にカジノを造ると決めたことで、商業用地として使うことになりましたが、土壌汚染物件は「売り物」にならないのが常識です。ですから公金負担をやらなければならない。

しかも、島全体の設計と工事をやり直さなければなりません。大変なお金がかかります。

地盤沈下は止まらない

地盤沈下対策はそう簡単にできそうにありません。「大阪湾は世界でもまれな土地だ」と地層や地質の専門家は言っているからです。

2万年前、氷河期が終わってから堆積した地層を「沖積層」と呼ぶのに対して、2万年以上前、氷河時代に堆積した地層を「洪積層」と言います。洪積層の地層は沈下しないというのが世界の地質や土木界の常識でした。

ところが、関空を造って初めてわかったことは、「大阪湾の洪積層は沈下する」という事実でした。**関空の1期棟は造成してから13メートルも沈んでいます。関空の2期棟は16メートルです。**おまけに、関空は空港として造ることを想定して埋め立てましたから、地盤が沈下しないようにと何百本、何千本もの杭を打ってから埋め立てを進めています。

夢洲は工業用地として造るはずでしたから、そんな丁寧な杭打ち作業をやっていません。ですか

ら夢洲の地盤沈下はとどまるところを知らないでしょう。

重大なのは、カジノ計画を進める吉村知事、松井市長はこうした事実を知っていたのに、無理やりカジノを造ろうとしていることです。地質の条件や地盤の条件、夢洲の造成の顛末を知っていたら、ここにIRを造る、カジノを造るということになると、いったいいくらのお金をそそぎ込めばいいのか理解しているのでしょう。

無茶だとわかっていても無理やり計画を進める。決めたことはやる、これが松井市長や吉村知事の公約だったのです。それが問題なのです。間違っていたことをいま止めれば、傷口が浅いうちで済みます。ところがここに万博をやる、カジノをやるということになると、その傷口はますます大きくなります。

地盤沈下の恐れがないとはっきりしなければカジノは造らない。府とカジノ事業者が交わした契約書にははっきりとそう書かれています。ないということを証明するのは不可能なのです。なぜ、そんな契約を交わしたのか。その契約の背後には一体どういう意図が隠されているのか。府は口を閉ざしたままです。

夢洲にカジノという計画が具体化されればされるほど、深刻な問題がクローズアップされてきました。国が認可するには「住民の合意」が必要なのです。だからこそ、カジノ誘致は住民投票でと署名運動が取り組まれて、厳しい制約がある中、自民党を支持してきた皆さんも含めて21万人もの人々の賛同が得られました。カジノ誘致は住民投票でという要求署名が法定数（14万6472筆）を超えた時、自民党の市会議員さんや府会議員さんの中からもいっぺんこの問題ゆっくり考えるべきやという声も出てきました。

国際競争力のない夢洲カジノ

カジノ誘致は大阪の経済を、大阪府民の生活を破壊しかねません。事業計画もずさんで荒唐無稽です。安倍首相は参議院の本会議で、「高い国際競争力がなければ国は認可しない」と答弁しました。6400台ものゲームマシンを並べ立てたカジノは、ラスベガスやマカオのカジノとは全く違います。そんなところに国際競争力があろうはずがありません。巨大なゲームセンターに国際競争力はありません。

土壌汚染、地盤沈下、交通不便の夢洲に外国から富裕層が押し寄せる、専門家は誰もそんなことは考えていません。造るのにいくらお金がかかるかわからない。造っても流行りそうにない、おまけにカジノには地方税を5年間無税にします。踏んだり蹴ったりです。

そんな大阪でまともな商売をする気になりますか。まじめに稼ぐという気分になりますか。カジノの町で普通の人はどうやって暮らせばいいんでしょうか。

国が誘致計画を認可するには、住民の合意が必要です。だからこそ、「カジノの是非は住民が決

地方自治法や憲法92条を武器にした住民運動で、
なんとしてもカジノを阻止

める」と住民投票を求める署名運動が取り組まれ、約21万人もの賛同が寄せられたのです。

国はこんな誘致計画を認可してはならないし、「国は認可するな」と府民の意思を示しましょう。

コラム　借金、暴力、そして家庭崩壊…ギャンブル依存症

矢野　宏

ギャンブル依存症対策を推進する条例案が、10月26日に大阪府議会で可決された。ギャンブル依存症対策の条例の成立は全国で初めてのこと。可決後、大阪府の吉村洋文知事はこうツイートした。「大幅な経済効果、雇用増、ここでしかない世界的エンタメ、国際会議等、IRのプラス面、メリット面を最大限に引き出す。一方で、パチンコ、公営競技等、今既にあるギャンブル含め課題面に正面から取り組んでいく」。だが、具体的なことをどう取り上げていって、どう前進させていくのか。誰が責任を持って、どの程度のタイムテーブルで行われていくのか全く見えない。

「ギャンブル依存症は完治することはありません」

父と弟、それに元夫までもギャンブル依存症になり、その怖さを身近で体験した堺市中区の山口美和子さん(49)は、きっぱり言い切る。

「現在、父は78歳で、目がほとんど見えなくなり、パチンコに行く気力もなくなりました。身体的に追い込まれないと止めることができないのです」

山口さんは鹿児島県指宿《いぶすき》市生まれ。両親、姉と弟の5人家族で、父は造園業を営んでいた。手広く事業展開し、一家は満ち足りた生活を送っていた。

裕福な家庭の子どもが通う私立幼稚園に入り、3歳の時から姉とピアノを習っていた。

ところが、保証人になった知人が事業に失敗。順調だった仕事もうまくいかなくなり、父は町内にできたパチンコ店に入り浸るようになる。

ピアノや家具などが差し押さえられた。山口さんはランドセルも買ってもらえず、入学式に着て

いく服もない。見かねた叔母が赤いワンピースを縫ってくれた。

父はパチンコから戻ってくると、酒を飲み、病弱な母に暴力を振るうようになった。親戚や知人から金を借りるようになり、サラ金やヤミ金にまで手をつけた。

一家は夜逃げ同然に家を転々とし、6畳2間の市営住宅で肩を寄せ合った。

それでも昼夜を問わず、借金の取り立てがやってきた。

「父ちゃん、どこにおるんや」。土足で上がり込み、父がいないとわかると、腹いせに手当たり次第に物を壊した。窓ガラスや食器が割れるたび、子どもたちは身をすくめた。

夜中、山口さんは突然、踏み込んで来た借金取りにお腹を踏みつけられ、一瞬、息ができなくなったことがある。それ以来、あお向けで寝ることができないという。

山口さんは服を買ってもらえないので、体操服で通学していた。でも1セットしかないので、汚れが目立つと恥ずかしかった。「台風が来るとうれしかったです。サラ金の取り立ても来ないし、学校も行かなくていいから」

ある日、追い詰められた母が、包丁で父の足を刺した場面に出くわした。「返り血を浴びた母の姿が忘れられず、今でもトラウマになっています」

バイト代たかる父

中学1年の時、両親は離婚した。山口さんは母に、姉と弟は父に引き取られた。山口さんは取り立て屋の迫害から解放されたが、母の介護に追われるようになる。

「もともと糖尿病だったのですが、父のギャンブル依存症で心身ともに追い詰められていたのでしょう。学校に母が倒れたと、よく連絡が入りました。入院先から通学し、学校が終わったら病院に帰るという生活でした」

中学卒業を控え、山口さんは就職を考えた。パートで働く母の時給は700円。進学できる暮らしぶりではなかった。

だが、たまたま、知り合いから奨学金が出る私立高校の看護科への進学を勧められ、合格。午前6時に起き1時間半かけて通学、午後6時までに帰宅し11時半まで皿洗いなどのアルバイトに追われた。

どこから聞きつけたのか、姉と弟を置き去りにして蒸発した父から連絡が入った。「2万円貸してくれないか。仕事で金がいるんや」

仕事もしていないのに、以来、ウソにウソを重ねた金の無心が続いたという。

「パチンコするために、娘のバイト代まで無心してくる父が本当に情けなくて、『このクソジジイ、いい加減にしろ』と憎みました。でも、お金を渡さないと母がやられると思って送金しました」

山口さんは高校卒業後、鹿児島を離れ、大阪府熊取町の病院に勤務する。同僚の看護師と結婚し、23歳の時には長女が生まれた。

喜びもつかの間、3カ月後には母が急死した。仕事中に「頭が痛い」と言って倒れ、入院先の病院で息を引き取ったのだ。享年45。脳内出血だった。

「母の銀行口座の残高は数百円でした。最後の買い物はきゅうりとふりかけ。ギャンブル依存症の父にお金を送り、母にはたまにしか送金していなかったことを、今でも悔いています。身体に不調を感じても、病院に行くお金がなかったのだと思います」

祖母の年金あてにパチンコ通い

山口さんは32歳の時、夫の実家と不仲になって離婚する。夫もギャンブル依存症だった。

父は、鹿児島県加世田市の実家に身を寄せ、実母の年金などを食いつぶしながらパチンコ通い。が、祖母が亡くなり、誰かが扶養しなければならなくなった。父は無年金だった。姉は除籍しており、「あんなジジイのことなど、知らん。私が一番の被害者や」。憎んでも憎みきれない父だが、山口さんは見捨てることはできなかったという。

「私には5人の子どもがおり、うち2人は障害児です。父の扶養まではできないので、父には生活保護を利用させてもらっています。ヘルパーやケースワーカーと連携しながら、父がウソをついて私からお金を引っ張れないように見張り役になってもらいました。『台風で屋根が飛んだから40万円要る』などとウソをついて無心してきましたが、生活保護を活用してからは、父に送金しなくてもよくなりました」

だが不幸がまた一つ、舞い降りてきた。鹿児島にいた3歳下の弟が落下事故で大けがを負い、職を失った。身寄りもないため、山口さんが引き取ることになった。

「弟は今や、重度のギャンブル依存症です。サラ金からお金を借りてはパチンコへ行き、スロットにはまり、2回自己破産しています。お金がないとパチンコへ行けず、行けないとイライラして、日頃はとてもおとなしいのに一転、早朝から隣人のドアをたたきまくって言いがかりをつけたり、突然切れて暴れたりするのです」

迷惑をかけるため、精神科の治療を受けている。薬は増量され、服用すると思考が止まり、日常生活がままならなくなるという。

「ヘルパーや訪問看護をお願いしなければならず、生活保護費も含めると、この国は弟に月60万円ほど支出していることになります」と打ち明ける。

ギャンブル依存症とは

東京の山谷、大阪の釜ケ崎と並ぶ三大寄せ場の一つ、横浜の寿町で、精神科医としてギャンブル、アルコール、薬物などの依存症患者を診てきた越智祥太さんは「依存症は誰でもなりうる病。だからこそ、その環境を作らないことが重要だ」

と話す。

なぜ、ギャンブルに依存するのか。そのメカニズムについて、越智さんは「人は『ドーパミン』という神経伝達物質（脳内ホルモン）の働きによって中枢神経が興奮し、快感を覚えます。ギャンブルでしか高揚感が得られなくなり、自分をコントロールできなくなる。結果として、家族や周囲の人を傷つけ、生活破綻に追いつめられるのがギャンブル依存症です」と説明。典型的な例として、「稼いだお金をすべてつぎ込み、ウソをついて借金を繰り返して家族や友人を失う。これまで頑張ってきたという自尊心や経験の積み重ねもなくして野宿生活を送るようになり、寿町にたどり着いた人を何人も見てきました」と話す。

日本には20兆円産業と言われるパチンコ店が約1万店あり、ギャンブル依存症の8〜9割がパチンコやパチスロなどでの依存症と言われている。寿町では9割を超えるという。

「競馬や競輪では、あまり依存症になりません。レースとレースとの間が空いており、冷静になる時間があるからです。でも、パチンコやパチスロはマシン相手なのでそうはいきません。しかも、どのタイミングで『出る』と快感を得るのか、どのくらいの間『出ない』と深追いするのか、すべて科学的に分析され、コンピューター制御されています。それがさらに進んだのがカジノのスロットマシンです。最初に大勝ちさせて次第にのめり込ませ、あり金を巻き上げるビジネスモデルです。大阪でもカジノを誘致すれば、間違いなく依存症患者は増えるでしょう」

寿町では以前、アルコールや薬物などの依存症が多かったが、２００9年のリーマンショック以降、30代、40代のギャンブル依存が増えたという。

「非正規社員がどんどん首を切られ、住所不定になってドヤに身を寄せる人が増え、その中にギャンブル依存症が目立つようになっています。仕事で達成感を感じられず、将来にも希望が持てない。ストレスをため込み、スロットマシンにのめり込んでしまう。しかもマシンとの一体感が重要なので、他人との関係を持てなくなってしまいます。真面目だけど、人間関係を築くのが苦手な人が多く、生活のほかのことには積極的になれない。ギャンブルでしか快感を得ることができなくなり、家族ともうまくいかなくなって一人ぼっちになっていくのです」

ギャンブルをしないので関係ない――との声も聞こえてくるが、越智さんは警鐘を鳴らす。

「誰もがギャンブル依存症になる危険性はあります。一度、ビギナーズラックで大勝ちした経験があると、その記憶が呼び覚まされてしまうケースもあります。また、真面目な公務員がちょっとしたきっかけでパチスロに手を出し、負けが込んでサラ金に手を出したところ、借金取りが職場にまで催促の電話をかけてくる。いづらくなって仕事を辞めた人もいます」

さらに、「依存症は通院するだけで回復することは難しい」とも。「依存症は心のブレーキが壊れる病です。さびたブレーキは元には戻りません」

「違う人生歩めたのに…」

大阪府・市のＩＲ区域整備計画では年間１６１０万人をカジノに集客するとしており、単純計算では、年間約32万人の依存症患者をつくることになる。

山口さんはいう。「パチンコさえなければ父も弟も元夫も、そして私たち家族も違う人生を歩んでいたと思います。ギャンブル依存症はまず生活費が目の前から消える。生活できなくなり、一家離散の先に母子家庭や父子家庭といった2次被害へ。人生の大半に金銭苦がつきまといます。それに、ギャンブル依存症の当事者よりも周りの家族が一生涯、甚大な被害を受けるのです」

IRカジノ関連年表

【2009年】

10月　橋下徹知事が大阪市内で企業経営者らに講演。「こんな猥雑な街、いやらしい街はない。ここにカジノを持って来て、どんどんバクチ打ちを集めたらいい。風俗街やホテル街、全部引き受ける」

【2010年】

4月　「大阪維新の会」結成

7月　橋下知事が「大阪エンターテイメント都市構想推進検討会」設置、IR導入の検討を始める

10月　橋下知事が都内で開かれたカジノ推進団体の総会で発言。「政治判断もある種のギャンブル。先進国こそギャンブルが必要で、国民全体を勝負師にする必要がある」

【2011年】

11月　大阪ダブル選、市長に橋下氏、知事に松井一郎氏

【2013年】

12月　大阪府・市がIR立地準備に取り組むための「IR立地準備会議」を設置

【2014年】
4月　松井知事が大阪湾の人工島・夢洲にIR誘致する考えを示す
大阪府・市がIR立地準備会議を開き、夢洲誘致を目指す方針決定
10月　大阪府・市と関西経済3団体が「夢洲まちづくり構想検討会」を設置

【2015年】
5月　「大阪都構想」反対多数で否決。橋下市長が政界引退を表明
12月　大阪市長選、市長に吉村洋文氏

【2016年】
5月　2025年国際博覧会の大阪誘致を目指す松井知事が会場候補地に夢洲を加える
12月　「IR推進法」（カジノ法）が可決・成立

【2017年】
3月　IR導入に向け、政府の「IR推進本部」が発足
大阪府・市と地元経済界、有識者でつくる「IR推進会議」が初会合
4月　IR誘致活動の実務を担う「IR推進局」が大阪府咲洲庁舎に設置
政府の有識者会議「IR推進会議」初会合

【2018年】

7月　「ギャンブル依存症対策法案」が可決・成立

「IR整備法」が可決、成立

11月　2025年万博の開催地が大阪に決定

【2019年】

2月　大阪府・市が「IR基本構想案」を作成

3月　政府がIRの要件を定めた「IR整備法施行令」を閣議決定

4月　大阪ダブル選、市長に松井氏、知事に吉村氏

7月　松井市長を本部長とする「夢洲まちづくり推進本部」が初会合

9月　政府がIRの整備に関する基本方針案を公表

大阪市都市計画審議会が夢洲の一部の土地の用途地域を商業地域に変更

11月　大阪府・市がIRに関する実施方針案を公表

12月　大阪府・市がIR誘致に向け、事業者を公募

東京地検特捜部が秋元司衆院議員を収賄容疑で逮捕

【2020年】

2月　事業者公募が締め切られ、応募者はMGMとオリックスの共同事業体のみ

11月　「大阪都構想」反対多数で否決。松井知事が引退表明

12月　政府はIR整備に関する基本方針をIR推進本部で決定

【2021年】

1月　横浜市議会がカジノ住民投票を否決
3月　大阪府・市が事業者の追加公募を開始
4月　カジノ管理委員会が「IR整備法施行規則案」を公表
8月　横浜市長選にIR反対派の山中竹春氏が当選、IR誘致は撤回
9月　IR汚職事件、秋元被告に懲役4年の実刑判決
　　大阪IR事業者としてMGMとオリックスの共同事業体を選定
12月　大阪府・市とIR事業者が事業内容をまとめた「区域整備計画案」を発表

【2022年】

1月　7日　大阪府・市が、初の住民説明会（2月1日に中止発表）
　　12日　夢洲への地下鉄延伸を巡り、当初より整備費が129億円増加していることが発覚
　　23日　大阪府・市が区域整備計画案について初の公聴会。9人すべての公述人がカジノ誘致反対
2月　3日　大阪市が「万博跡地の整備費用として788億円が必要」との試算を発表
　　大阪市議会がIR誘致の賛否を問う住民投票実施のための条例案を否決
　　15日　大阪府・市がIR事業者の「大阪IR株式会社」と基本協定書を締結
　　24日　大阪府がIRの区域整備計画案を府議会に提出。25日には市議会にも

25日　大阪府・市が大阪IR株式会社と締結した基本協定書の全容が判明。計画を白紙にできる条件が列挙

3月3日　大阪弁護士会が区域整備計画案の撤回を求める声明

松井市長が市議会で、夢洲で判明した土壌汚染や液状化対策の費用について、市が見込んだ788億円以上に負担が膨らむ可能性はないとの考えを示す

16日　大阪市議会はIR事業者を参考人招致。MGMは「IR事業用地は長期的に地盤沈下が見込まれている。今後、課題が出てきた場合は対応を見極める必要がある」と、市が追加負担する可能性を残す

24日　大阪府議会が区域整備計画を承認

25日　市民団体「カジノの是非は府民が決める　住民投票を求める会」（もとめる会）がIR誘致の賛否を問う住民投票を求める署名活動スタート

29日　大阪市議会が区域整備計画を承認

4月20日　和歌山県議会が区域整備計画を否決。和歌山へのIR誘致はとん挫。長崎県議会は可決

27日　大阪府、長崎県が区域整備計画を国に申請

5月11日　市民ら5人が「土壌対策費用の公費負担は違法」として住民監査請求

6月6日　もとめる会がIR誘致の是非を問う住民投票条例制定を求める約21万人分の署名を府内各市町村の選挙管理委員会に提出

20日　自民党市議やNPO法人理事らがIR計画に反対する「NO!大阪IR・カジノ」を設立

7月21日　もとめる会が吉村知事に対し、住民投票条例の制定を請求

29日 大阪府議会がIR誘致の賛否を問う住民投票条例案を否決
住民監査請求が合議不調となり、市民ら5人が提訴（夢洲IR差し止め訴訟）
9月8日 「NO！大阪IR・カジノ」のメンバーがIR計画を認定しないよう国に要望書を提出
30日 もとめる会が「カジノは日本のどこにもいらない！東京大行動」を展開
10月27日 大阪府議会が「ギャンブル依存症対策条例案」を可決・成立
11月14日 松井市長が国の審査状況について「（建設予定地の）地盤について必要な書類の提出を求められて協議している」と発言
11月28日 衆院予算委員会で日本維新の会の馬場伸幸代表が斉藤哲夫国土交通相に「万博開催に影響が出る」と述べ、年内の認定を求める
12月8日 国土交通省は立憲民主党の会合で、年内に認定の可否を判断するのは「厳しい」と説明

野村 友昭（のむら・ともあき）

1973年堺市生まれ。2011年の堺市議選に初当選、連続3期。政治資金問題で前市長が辞職したことに伴う19年の市長選で、「大阪都」構想に反対を掲げ、市議を辞職、所属していた自民党を離党して立候補。投票まで20日しかない不利な中で、政党の推薦・公認を受けず、「チームSakai」に結集する幅広い市民とともに選挙を戦い、あと一歩まで迫る大善戦。「NO！大阪IRカジノ」呼びかけ人の一人。

森 裕之（もり・ひろゆき）

1967年大阪府生まれ。立命館大学政策科学部教授。専門は地方財政論、地方自治論、社会的災害（アスベスト問題など）についても公共政策論としての立場から考察している。「大阪都」構想に対して「市の財源が府に移行され、市民サービスが切り詰められる」と指摘、反対の論陣を張った。カジノについても基本協定書を精査し、「カジノを止める以外に大阪の破たんを防ぐことはできない」と訴える。

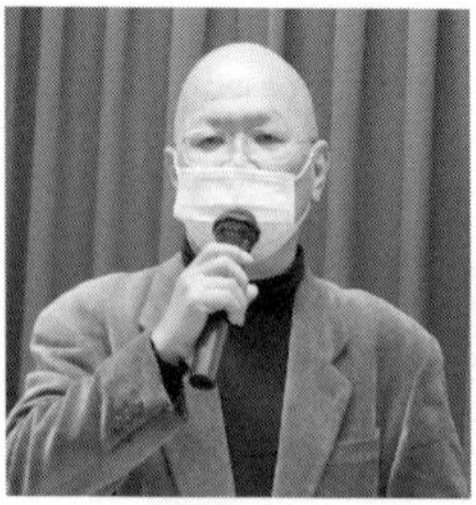

桜田 照雄（さくらだ・てるお）

1958年大阪市生まれ。阪南大学流通学部教授。「平和・民主・革新の日本をめざす全国の会」（全国革新懇）代表世話人。カジノ問題を考える大阪ネットワーク代表。大阪カジノに対し、「ターゲットは外国人の富裕層ではない。この国で今、ゲームにのめり込んでいる子どもたちが確実にターゲットになる」と警鐘を鳴らす。著書に『カジノ・万博で大阪が壊れる一維新による経済・生活大破壊』(共著)など多数。

大阪IR・カジノ誘致を止めるための次の一手

2023年1月10日　第1刷発行
編　者　新聞うずみ火
発行者　岩本恵三
発行所　株式会社せせらぎ出版
〒530-0043　大阪市北区天満1-6-8 六甲天満ビル10階
TEL. 06-6357-6916　FAX. 06-6357-9279
郵便振替　00950-7-319527
印刷・製本所　東洋紙業高速印刷株式会社

 ISBN978-4-88416-292-4

せせらぎ出版ホームページ　https://www.seseragi-s.com
メール　info@seseragi-s.com